W9-ANR-147

LOLA y LEO 1

: **MARCELA FRITZLER**
: **FRANCISCO LARA**
: **DAIANE REIS**

difusión

Autores
Marcela Fritzler, Francisco Lara, Daiane Reis

Revisión pedagógica
Virginie Karniewicz

Coordinación editorial y redacción
Clara Serfaty

Asesoramiento editorial
Agustín Garmendia, Pablo Garrido

Diseño y maquetación
La japonesa

Ilustraciones
Montse Casas (Ilustraciones Monsuros)
Excepto: unidad 4: p. 45 *La vaca ventilador y otros poemas*, Graciela Repún. Editorial Atlántida, 2008
Unidad 5: p. 55 Diane Labombarbe/Istockphoto; p. 56 skvoor/Fotolia.com
Unidad 6: p. 64 skvoor/Fotolia.com, p. 64 *Tengo un perro así*, Douglas Wright (eljardindedouglas.blogspot.com.es)

Fotografías: Llorenc Conejo Vila (llorco.com)
Excepto: Unidad 1: Alessandro0770/Dreamstime.com, Hsc/Dreamstime.com. **Descubrir el mundo 1:** p. 30–31 fishwork/Istockphoto, Juanmonino/Istockphoto, pixelheadphoto/fotolia, didesign021/Istockphoto, Maljalen/Dreamstime.com, Americanspirit/Dreamstime.com, www.8tiempos.com, SerengetiLion/Istockphoto, raphaelgunther/Istockphoto, Tatyana Chernyak/Dreamstime.com. **Descubrir el mundo 2:** p. 48–49 www.artequinvina.cl, br.pinterest.com, www.youtube.com–watch?v=tZsalfEcHfl, wikipedia.org, www.entretantomagazine.com, Daiane Reis. **Unidad 5:** p. 53 travelbook/Fotolia.com, ovydyborets/Fotolia.com; p. 54 Serhiy Shullye/Fotolia.com, Anna1311/Dreamstime.com, Alex Staroseltsev/Fotolia.com, ohmphongsakon/Fotolia.com, Giuseppe Porzani/Fotolia.com, sergio37_120/Fotolia.com, MovingMoment/Fotolia.com. **Unidad 6:** p. 61 Ammit/Dreamstime.com, Benjamin Simeneta/Fotolia.com, Oktay Ortakcioglu/Istockphoto, GlobalP/Istockphoto, tap10/Istockphoto, lemonadelucy/Istockphoto, p. 61–62 GlobalP/Istockphoto, p. 62 cynoclub/Fotolia.com. **Descubrir el mundo 3:** p. 66–67 Dksamco/Dreamstime.com, Serhiy Shullye/Fotolia.com, Hyrma/Istockphoto, Alex Staroseltsev/Fotolia.com, Kaan Ates/Istockphoto, jodiecoston/Istockphoto, ansonsaw/Istockphoto, Ivan Mateev/Dreamstime.com, MariuszBlach/Istockphoto, efesan/Istockphoto, Adam Kulesza/Istockphoto, Kesu01/Istockphoto, Junede/Dreamstime.com, Andyworks/Istockphoto, Rinus Baak/Dreamstime.com, Brian Kushner/Dreamstime.com, DHuss/Istockphoto, GlobalP/Istockphoto, Kristina Kostova/Dreamstime.com, Kenneth Canning/Istockphoto, www.slideplayer.es, www.lahistoriaconmapas.com, www.lacoecciondeleo.es, www.taringa.net. **Material recortable:** emuck/Fotolia.com, ohmphongsakon/Fotolia.com, Jiri Hera/Fotolia.com, Alex Staroseltsev/Fotolia.com, Family Business/Fotolia.com, sergio37_120/Fotolia.com, Giuseppe Porzani/Fotolia.com, MovingMoment/Fotolia.com, ovydyborets/Fotolia.com, Anna1311/Dreamstime.com, dasuwan/Fotolia.com, baibaz/Fotolia.com, travelbook/Fotolia.com, elxeneize/Fotolia.com

Música
Pol Wagner, Joan Trilla Benedito

Cantantes
Silvia Dotti, Joan Trilla Benedito

Letras de las canciones
Marcela Fritzler, Francisco Lara, Daiane Reis

Locuciones
Estudio Difusión (Barcelona), Silent Media S.L. (Sevilla). **Locutores:** Silvia Dotti, Joan Trilla Benedito, Irene González Ramos, Efren Nosedal González, Zafirah Sarhandi Rivas, Luis González Ramos, Antonio Morillo Retamar, Carolina Ramos Fernández, Alonso Bernal, Luis González González, Juan Cano, Olga Martínez, Manuel Romero, Nicolás Montoya, Alexis Viera, Adrián Viera, Nicolás Morillo Retamar, Irene Sánchez, Carmen Sánchez, Manuel García, Claudia Real, Lucía Real, Juan Carlos Serrano, Jimena Gala, AlejandroVega, Diana Palafox, Gerard Rodríguez Navas, Aleix Rodríguez Navas, Mónica Ixchel, María Pérez Echevarría, Román Mandujano.
Música no original: p. 31 El pollito chachachá www.youtube.com/watch?v=l7fQt77Y7N4, El cangrejo Moro www.youtube.com/watch?v=7F7jl6E8w9g, Samba mix www.youtube.com/watch?v=yZWPYGbcVR8, Los paraguayos, Adelita www.youtube.com/watch?v=mSXPLVkfsNc

Asesores
Raquel Avilés (Toronto French Montessori School), Alba Peral (Instituto Cervantes de Estambul, Turquía), Laura Múrtula Montanyà (Brooklyn Friends School, Nueva York, Estados Unidos), Jael Briones y Andrea Restrepo (American School of Barcelona, España)

Agradecimientos
Alexandra Gimeno Martí, Eva Martí, Arturo Gimeno, Guillem Gimeno Martí, Carolina Ramos Fernández, Paco Riera, Carmelo Viera, Susanne Höppner, Elena Torras

Esta obra está basada en el enfoque metodológico concebido por los autores de *Zoom* (Éditions Maison des Langues)

difusión
Centro de Investigación y Publicaciones de Idiomas, S.L

C/ Trafalgar, 10, entlo. 1ª
08010 Barcelona - España
Tel.: (+34) 932 680 300
Fax: (+34) 933 103 340
editorial@difusion.com

www.difusion.com

BIENVENIDOS A LOLA y LEO

Este manual es fruto del trabajo, la dedicación y la pasión por la enseñanza del español a niños. Todas las personas involucradas en el proyecto —los autores, la ilustradora, el equipo editorial y los numerosos profesores que lo han probado— hemos trabajado codo con codo compartiendo nuestros conocimientos y experiencias para plasmarlos en esta nueva aventura.

Estamos, en definitiva, muy contentos porque con Lola, una niña española, y Leo, un niño mexicano, deseamos aportar nuestro granito de arena a la enseñanza del español a niños con un manual vivo y motivador que esperamos cautive a profesores y alumnos con su universo visual, sus dinámicas, su música y sus numerosos recursos para el profesor.

Un abrazo de Lola, Leo, Marcela, Francisco y Daiane.

Marcela Fritzler   Francisco Lara   Daiane Reis

LOS ICONOS DE LOLA Y LEO

Escucha · Habla · Repite · Escribe · Dibuja · Recorta · Mira · Relaciona

Juega · Representa · Canta · Señala · Lee · Habla con tus compañeros

CONTENIDOS DESCARGABLES

Lola y Leo cuenta con contenidos digitales extra en su página web:
- un vídeo para aprender el abecedario
- las pistas de audio
- las letras de las canciones (pdf)
- los apartados de gramática visual (pdf)
- los tres juegos del Cuaderno de ejercicios (pdf)

lolayleo.difusion.com

LA PÁGINA DE ENTRADA

Cada unidad se abre con una ilustración a doble página representativa de los contenidos de la unidad.

Contiene una pista de audio con sonidos para activar los conocimientos previos de los alumnos.

LAS LUPAS

Las secciones *Con lupa 1*, *Con lupa 2* y *Con lupa 3* trabajan los contenidos de la unidad.

Cada sección *Con lupa* se abre con una imagen que proviene de la ilustración principal y que se explota a través de un diálogo.

Después, el estudiante practica: leyendo, escuchando, representando, pintando, recortando, cantando...

Las actividades colaborativas y dinámicas se presentan bajo el título **Ahora tú**

El apartado **Un poquito más** está pensado para ofrecer contenidos extra.

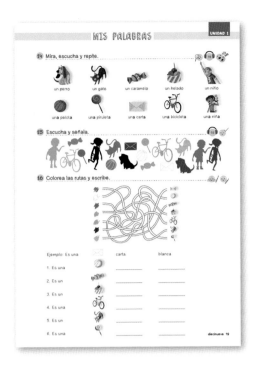

MIS PALABRAS

La sección *Mis palabras* está destinada a trabajar el léxico de la unidad con juegos, audios, actividades de colorear...

GRAMÁTICA VISUAL Y SONIDOS

La sección *Gramática visual* está concebida para que los alumnos aprendan la gramática de una manera más clara, descriptiva y lúdica. El aprendizaje se refuerza mediante el uso de ilustraciones, colores y formas.

La sección *Sonidos* trabaja la fonética y hace hincapié en las letras más difíciles del español.

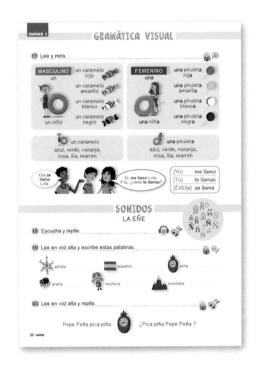

CON LAS MANOS

La sección *Con las manos* cierra la unidad con una actividad manual para hacer en clase.

... ¡Y MÁS!

LOLA y LEO cuenta también con:

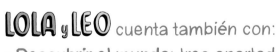

- **Descubrir el mundo**: tres apartados interculturales (uno cada dos unidades) dedicados a la familia, la música y el baile, el arte, la comida y los animales.

- un anexo de **material recortable** para realizar divertidas actividades.

TABLA DE CONTENIDOS

ÍNDICE

Bienvenidos 🎧 1, 2

Curro

Pablo

Rosa

Pepe

Lola

Piñata

Familia Martín Sandoval

BIENVENIDOS

1 Escucha y habla. ¿Es español? ¿Sí o no?

2 Escucha y repite.

3 Dibuja.

La bandera de tu país

La bandera de España

La bandera de México

BIENVENIDOS

4 Mira, busca y señala en el mapa.

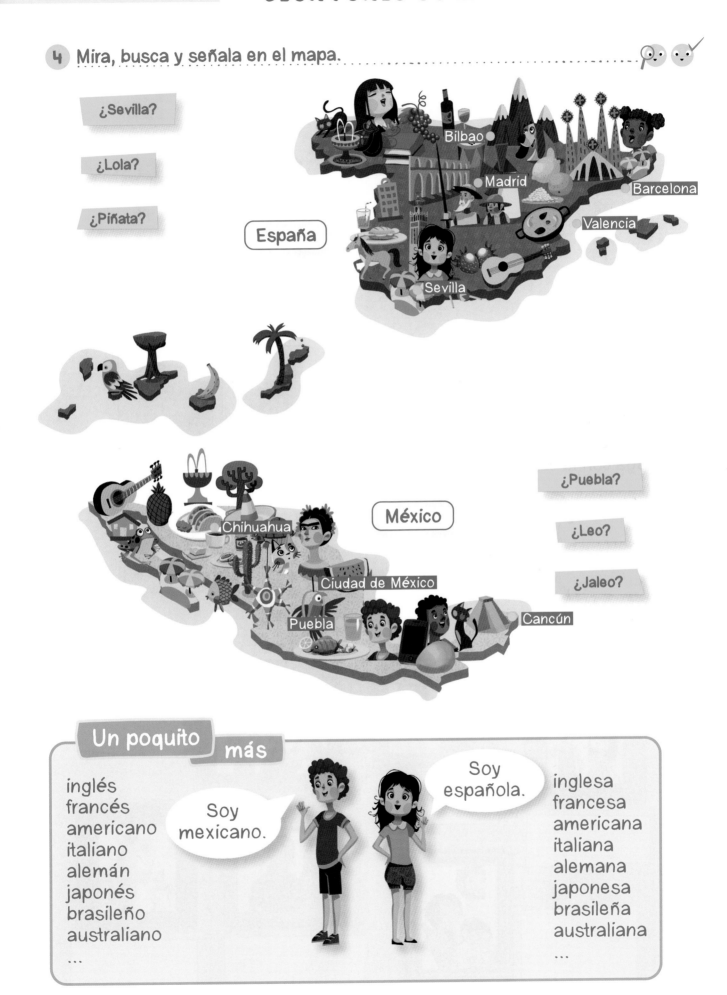

¿Sevilla?

¿Lola?

¿Piñata?

España

Bilbao

Madrid

Barcelona

Valencia

Sevilla

México

¿Puebla?

¿Leo?

¿Jaleo?

Chihuahua

Ciudad de México

Puebla

Cancún

Un poquito más

inglés	inglesa
francés	francesa
americano	americana
italiano	italiana
alemán	alemana
japonés	japonesa
brasileño	brasileña
australiano	australiana
...	...

Soy mexicano.

Soy española.

5 Mira, escucha y repite las letras.

Aa	Bb	Cc	Dd	Ee	Ff	Gg	Hh	Ii
a	be	ce	de	e	efe	ge	hache	i

Jj	Kk	Ll	Mm	Nn	Ññ	Oo	Pp	Qq
jota	ka	ele	eme	ene	eñe	o	pe	cu

Rr	Ss	Tt	Uu	Vv	Ww	Xx	Yy	Zz
erre	ese	te	u	uve	uve doble	equis	i griega	zeta

6 Juega.

El abecedario con tus manos →

7 Juega con tu compañero y escribe tu nombre con las manos.

¡¡Ah!! Tom.

8 ¿Cómo se llaman? Escribe el nombre.

CON LAS MANOS

La letra inicial de tu nombre

MATERIALES

– un trozo de cartón
– goma EVA, papeles de colores, telas...
– pegamento
– pinturas, pincel, lápices y rotuladores
– una regla
– tijeras
– una cinta o una cuerda

PASO A PASO:

1 Pega en el cartón la goma EVA o los papeles de colores que te gustan.

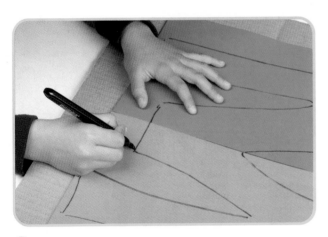

2 Dibuja la letra inicial de tu nombre.

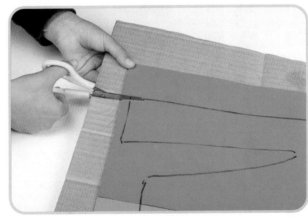

3 Recorta la letra.

4 Decora la letra con dibujos, trozos de papel, de tela, botones, etc.

5 Al final, pega una cinta y cuélgalo en la puerta de tu habitación.

HELADOS

15

CON LUPA 1

1 Mira y escucha.

2 Escucha y repite.

3 Escucha y señala.

A

B

C

4 Ahora tú · Lee y representa.

Hola, Lola.

Buenos días, Juan.

Adiós, José Luis.

Adiós, Pablo. ¡Hasta mañana!

¡Hola, abuelo! ¿Cómo estás?

Bien, gracias. ¿Y tú?

Un poquito más

¡Buenos días! ☀

¡Buenas tardes! 🌅

¡Buenas noches! 🌙

¿Cómo estás? ¿Qué tal?

Bien — Regular — Mal

CON LUPA 2

5 Mira y escucha. 13

6 Escucha y repite. 14 bla bla

7 Lee.

> ¡Hola!
> ¿Cómo te llamas?

> Me llamo Manolo. ¿Cómo se llama tu perro?

> Me llamo Lola. ¿Y tú?

> Se llama Piñata.

8 **Ahora tú** Recorta, representa y juega con tu compañero.

> ¡Hola! ¿Cómo te llamas?

> Me llamo Superñam. ¿Y tú?

Un poquito más ¿¿?

¿Cómo estás?   ¿Cómo te llamas?   ¿Qué tal?

CON LUPA 3

9 Mira y escucha. 15

10 Escucha y repite. 16

11 Mira y lee.

¿Qué es?

Es una pelota.

¿Qué es?

Es un gato.

12 Ahora tú Pregunta a tu compañero.

 ¿Qué es?

13 Escucha, lee y canta. *La canción de los colores.* 17

¿Qué es?	¿Qué es?
Un caramelo rojo,	Una pelota roja,
negro, blanco, rosa y **marrón**.	**negra**, blanca, rosa y **marrón**.
Naranja, **lila**, verde y amarillo.	Naranja, **lila**, verde y amarilla.
Y azul, y azul.	Y azul, y azul.
Y ahora saltas tú.	Y ahora cantas tú.

Un poquito más

 – Un caramelo, por favor.

– (Muchas) Gracias.   – De nada.

14 Mira, escucha y repite.

 un perro
 un gato
un caramelo
un helado
 un niño

 una pelota
una piruleta
una carta
una bicicleta
 una niña

15 Escucha y señala.

16 Colorea las rutas y escribe.

Ejemplo: Es una  carta blanca

1. Es una _____ _____

2. Es un _____ _____

3. Es un _____ _____

4. Es una _____ _____

5. Es un _____ _____

6. Es una _____ _____

GRAMÁTICA VISUAL

17 Lee y mira.

MASCULINO
un

un niño

un caramelo
rojo

un caramelo
amarillo

un caramelo
blanco

un caramelo
negro

FEMENINO
una

una niña

una piruleta
roja

una piruleta
amarilla

una piruleta
blanca

una piruleta
negra

 un caramelo
azul, verde, naranja,
rosa, lila, marrón

 una piruleta
azul, verde, naranja,
rosa, lila, marrón

Ella **se llama** Lola.

Sí, **me llamo** Lola. Y tú, ¿cómo **te llamas**?

(yo)	me llamo
(tú)	te llamas
(él/ella)	se llama

SONIDOS
LA EÑE

18 Escucha y repite.

19 Lee en voz alta y escribe estas palabras.

 piñata _____

español _____

 piña _____

araña _____

muñeca _____

montaña _____

20 Lee en voz alta y repite.

Pepe Peña pica piña. ¿Pica piña Pepe Peña?

CON LAS MANOS
Mi caja de español

MATERIALES

- una caja de cartón de tamaño mediano
- papel de regalo, periódicos, revistas...
- goma EVA o papeles de colores
- pegamento
- lápices y rotuladores
- tijeras
- plumas, botones, tela... ¡Tú eliges!

PASO A PASO:

1 Forra la caja con el papel de regalo o de periódico.

2 Dibuja y recorta las letras con tu nombre.

3 Pega las letras en la tapa de la caja.

4 Adorna la caja.

5 Guarda tus cosas para la clase de español en la caja.

El cumpleaños de Leo

21

CON LUPA 1

1 Mira y escucha.

2 Escucha y repite.

3 Escucha y señala.

4 Ahora tú Dibuja dos regalos de la lista y representa.

¡Feliz cumpleaños, Roberto!

¡Muchas gracias!

Toma, tu regalo.

¡Qué bonito!

¡Es un...............!

¡Es una...............!

Lista de regalos

una bicicleta

una pelota

un carro

una muñeca

un tren

un libro

Un poquito más ¡!

¡Qué bonito!   ¡Qué bien!   ¡Feliz cumpleaños!

¡Felicidades!   ¡Qué divertido!

5 Mira y escucha.

6 Escucha y repite.

7 A. Escucha y completa.

0							
cero	uno	dos	tres	cuatro	cinco	seis	siete
		10					15
ocho	nueve	diez	once	doce	trece	catorce	quince

B. Escucha y marca los números.

8 Ahora tú ¿Cuántos años tiene...?

+ más
− menos

 ¿Cuántos años tiene Lola? 9 − 1 = 8 Tiene ...ocho... años.

 ¿Cuántos años tiene Curro? 7 + 8 = Tiene .... años.

¿Cuántos años tienes tú? + = Tengo .... años.

¿Cuántos años tiene tu compañero? − = Mi compañero tiene .... años.

Un poquito más

 Tengo **dos** patinetes.

 Tienes **un** coche.

 Tiene **muchos** amigos.

9 Mira y escucha.

10 Escucha y repite.

11 Escucha y señala de quién hablan.

12 Mira y lee.

¿Quién es?

¿De dónde es?

Es mi tío Calavera.

Es mexicano.

13 Ahora tú Dibuja a tu familia, recorta y habla.

14 Escucha, lee y canta. *Erre que erre.*

Ra, ra, ra,
salta que te salta.
Re, re, re,
corre que te corre.
Ri, ri, ri,
ríe que te ríe.
Ro, ro, roooooo...
Rompe la piñata,
rómpela pronto,

toma el caramelo
y salta otra vez.
Ra, ra, ra,
salta que te salta.
Re, re, re,
corre que te corre.
Ri, ri, ri,
ríe que te ríe.
Ro, ro, roooooo...

Rompe la piñata
y no pares de reír.
Rompe la piñata
que la rompo yo.
Ra, ra, ra,
re, re, re,
ri, ri, ri,
ro, ro, rooooooooo...

Un poquito más

el tío	el primo	el abuelo	el padre	el hermano
la tía	la prima	la abuela	la madre	la hermana

15 Mira, escucha y repite.

el tren — el regalo — el padre — el globo — el carro — el refresco

la muñeca — la piñata — la madre — la hermana — la abuela — la limonada

16 Relaciona y escribe la frase.

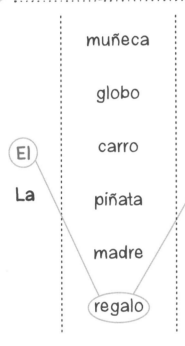

muñeca

globo

carro

El

La

piñata

madre

regalo

de

Ejemplo: El regalo de Leo.

_____

_____

_____

_____

_____

17 Recorta las cartas, escucha a tu profesor y juega.

El coche.

¡Tengo el coche!

¡Yo también!

GRAMÁTICA VISUAL

18 Lee y mira.

MASCULINO
el

el hijo   el regalo

el padre

FEMENINO
la

la hija   la bicicleta

la madre

PLURAL

los hijos   los hijos   los regalos

PLURAL

las hijas   las bicicletas

 mi globo
mi pelota

 tu globo
tu pelota

 su globo
su pelota

(yo)	tengo
(tú)	tienes
(él/ella)	tiene

SONIDOS
LA ERRE

19 Escucha y repite. 🎧 38

20 Escribe r o rr y lee en voz alta.

 __r_egalo   pe_rr_o   ___efresco   **4** cuat___o

 t___en   ca___amelo    ca___o   **3** t___es

21 Lee en voz alta y repite.

    Erre con erre, guitarra; erre con erre, carril.
Rueda, la rueda que rueda; la rueda del ferrocarril.

CON LAS MANOS
La piñata de cumpleaños

MATERIALES

- una caja de cartón con un agujero grande
- papel pinocho de varios colores
- celo
- pegamento
- tijeras
- una cuerda
- caramelos y regalitos

PASO A PASO:

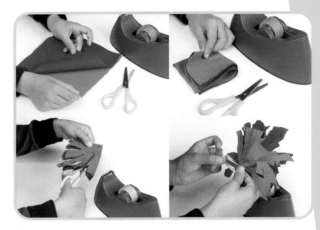

1 Haz muchas flores de todos los colores.

2 Pega las flores por toda la caja.

3 Pasa una cuerda para colgar la piñata.

4 Rellena la piñata con los caramelos y regalitos.

5 Y ahora, ¡a cantar y a bailar alrededor de la piñata!

DESCUBRIR EL MUNDO
Familias de todo el mundo

1 Mira las fotos.

¿Sabes? Hay muchos tipos de familias.

Mira las fotos.

2 Relaciona las fotos con su tarjeta.

Me llamo João.
Soy de Brasil.

Mi madre se llama Fernanda.

Me llamo Xiaomei.
Soy de China.

No tengo hermanos.

Me llamo Gabriel y tengo una hermana, Élise.

Mi madre se llama Claire y mi padre, Vincent.

Soy de Francia.

Me llamo Mehmet. Soy de Turquía.

Mi hermano se llama Murat y tiene 8 años.

Mi padre se llama Orhan y mi madre Ceren.

3 Decora un beso muy bonito para tu familia.

Locos por la música

1 Lee y relaciona cada baile con su imagen y su país.

1. El **flamenco** es una música típica española. Se baila, se canta y se toca con guitarras y castañuelas.

2. El **chachachá** es un ritmo de origen cubano. Se toca con timbales y es muy divertido para bailar.

3. La **samba** es una música brasileña. Se toca con timbales y se baila en carnaval.

4. La **ranchera** es un ritmo musical mexicano muy famoso. Normalmente lo cantan los mariachis.

( ) Cuba.

( ) España.

( ) México.

( ) Brasil.

2 Baila con cintas de colores.

Flamenco: mueve los brazos en círculos pequeños, al lado del cuerpo.

Ranchera: mueve los brazos en zig zag hacia abajo, al lado del cuerpo.

Chachachá: mueve los brazos en zig zag rápido hacia arriba, al lado de la cabeza.

Samba: mueve las manos en círculos pequeños sobre la cabeza.

La clase de música 🎧 43

1 Mira y escucha. 44

2 Escucha y repite. 45/47 bla bla

3 Escucha, mira y responde. 48 bla

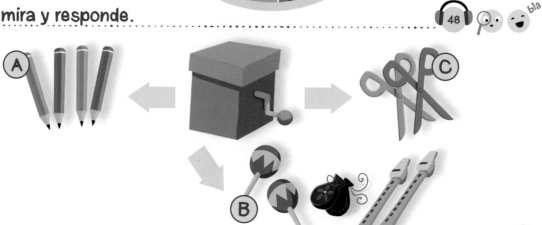

A

B

C

4 Colorea y relaciona. ¿Qué hay en la mochila?

1. una regla
2. tres libros
3. un lápiz
4. unas tijeras
5. una goma
6. un bolígrafo
7. dos cuadernos
8. un sacapuntas
9. un estuche

5 Ahora tú · Recorta y juega con tu compañero. Memoriza y encuentra "el hermano gemelo".

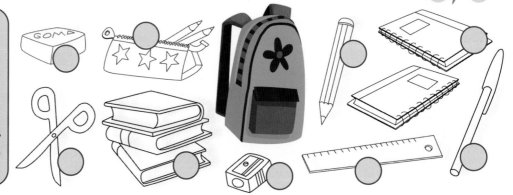

Un poquito más

– ¿Tienes un bolígrafo?

– Sí, aquí tienes.
– No, no tengo.

6 Mira y escucha. 49

7 Escucha y repite. 50 52 bla bla

8 Suma, resta y colorea el tambor.

Del 0 al 10: **rojo**
Del 11 al 20: **azul**
Del 21 al 30: **verde**

17 + 5 =

22 + 5 =

8 + 4 =

5 + 1 =

7 + 2 =

24 + 6 =

13 + 2 =

15 + 3 =

9 Ahora tú Recorta, completa el tablero con dibujos y juega con tu compañero.

¿Qué hay en **A1**?

¿Cuántas flautas hay en **A1**?

En **A1** hay flautas.

24.

10 Ahora tú Escucha, lee y canta. *El twist de la goma.* 53

Ahí vienen las mochilas
a contar lo que pasó.
Nadie se lo imaginaba,
pero ella se escapó.
En la escuela la buscaban
en el aula y el salón.
Todos los niños miraban
en el fondo del trombón.

La goma muy inquieta
del estuche se fugó
a borrar las malas letras
que un duende escribió.
La goma muy blanquita
se paseaba por las calles
preguntando a los ratones
por el duende Malaquita.

Un gato con patines
le dijo que el duende estaba
en los jardines escribiendo
de la escuela nacional.
Allí fue la goma corriendo
a borrar las feas letras
de ese duende tan loquito
que no quiere aprender.

Un poquito más

– ¿Qué hay en la mesa?

– Muchos libros.
– Pocos cuadernos.

– Muchas gomas.
– Pocas maracas.

11 Mira y escucha.

12 Escucha y repite.

13 Lee y relaciona las frases.

(A) Lola habla

(B) Yo borro

(C) Tú escuchas

las letras con mi **goma** nueva.

la **canción** de la piñata.

por **teléfono** con **Leo**.

14 Ahora tú Recorta, pregunta a tu compañero y escribe.

¿Qué hace Leo?

Canta una canción.

¿Qué haces?

Bailo.

15 Ahora tú Recorta, lee y forma frases.

Yo	tengo	una	muñeca	nueva

Un poquito más

Bailar   Caminar   Estudiar   Contar
Buscar   Imaginar   Preguntar   Contestar

16 Mira, escucha y repite. 59

Escribe, canta, lee, juega, representa, relaciona, escucha, dibuja, habla, mira.

17 Recorta y relaciona las imágenes con las palabras.

Escribe		Lee	
Canta		Habla	
Relaciona		Dibuja	
Escucha		Mira	
Representa		Juega	

18 Mira y escribe las palabras en orden.

SRECIRIB — Escribir

CTANRA		ELER	
SCEHRAUC		LBHAAR	
RPESETRANE		RUADBIJ	
IMARR		JGRAU	

19 Lee y mira.

¿Qué hay en la mochila?

Hay tres libros, un cuaderno y doce gomas.

– ¿Cuántos libros hay en la mochila?
– Hay pocos.

– ¿Cuántas gomas hay en la mochila?
– Hay muchas.

SINGULAR	PLURAL

SINGULAR

un libro nuevo
el libro nuevo

una mochila nueva
la mochila nueva

PLURAL

unos libros nuevos
los libros nuevos

unas mochilas nuevas
las mochilas nuevas

HABLAR

(yo)	habl**o**
(tú)	habl**as**
(él/ella)	habl**a**

HACER

(yo)	hag**o**
(tú)	hac**es**
(él/ella)	hac**e**

SONIDOS

LA ELE

20 Lee, señala la letra L y escucha.

Libro, papelera, lápiz, mochila, bolígrafo, silla, palabra,
él, hablar, amarillo, ella, Lola, Leo, Sevilla, Puebla.

21 Lee, separa las palabras y cuenta.

Mochilalibrobolígrafolápiceshablarsillapapelerapalabrareglalunes
¿Cuántas palabras tienes en tu regla? ◯

22 Lee.. ¿Qué es?

En la Luna es la primera
y la segunda en Plutón.
En la Tierra no se encuentra
y es la última en el Sol.

CON LAS MANOS
Mis maracas

MATERIALES

- 2 huevos de plástico
- cinta adhesiva
- 4 tenedores o cucharas de plástico
- pinturas de colores
- arroz, garbanzos, lentejas...

PASO A PASO:

1 Mete en el huevo arroz, garbanzos, lentejas...

2 Pega los tenedores o las cucharas por la parte de arriba.

3 Pega los tenedores o las cucharas por la parte de abajo.

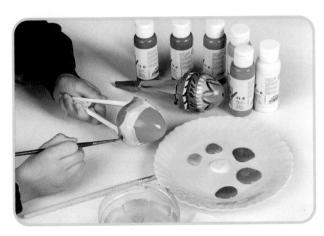

4 Pinta y decora los huevos.

5 Toca las maracas y... ¡a bailar!

CAS 209

CON LUPA 3

10 Mira y escucha. 68

11 Escucha y repite. 69 _{bla bla}

12 Colorea las rutas y lee. ¿Dónde está...?

La amiga de Sara está...

El juego está...

El gato está...

Los libros están...

La silla está...

La camisa está...

detrás de la silla.

fuera de la mochila.

dentro del armario.

delante de la amiga de Sara.

encima del ordenador.

debajo de la cama.

13 Ahora tú Esconde, juega y encuentra.

El estuche está dentro de la caja.

El bolígrafo está detrás de la silla.

EL EQUIPO A:
sale de la clase, después entra y busca los objetos escondidos.

EL EQUIPO B:
esconde los objetos por la clase y ayuda a encontrarlos con palmas.

Palmas fuertes: están cerca del objeto.

Palmas suaves: están lejos.

Un poquito más

– ¿Cómo se llama esto?

–Es una estantería.

 –Es un espejo.

14 Escucha y repite.

Las partes de la casa:

el garaje

el patio

el salón

la habitación

el pasillo

el cuarto de baño

la cocina

Los muebles:

el televisor

la mesa

la silla

la cama

el armario

15 Dibuja una ventana y mira en la casa de Leo. ¿Qué ves?

Dibuja y recorta una ventana.

Localiza los muebles.

¿Qué ves?

¡Mira! Una escalera.

16 Lee y escribe tu caligrama.

El gato entre las flores, se comió las mejores.
El gato en la cocina desparramó la harina.
El gato en la vereda volvió loca a la manguera.
El gato va por la casa: comedor, patio, terraza...
El gato... ¿dónde está? ¡Mejor que no sea acá!

Caligato del libro *La vaca ventilador y otros poemas* de Graciela Repún. Atlántida, 2008.

17 Juega con tu compañero. ¿Qué palabra es?

La E

La M

G _ _ A _ _

GRAMÁTICA VISUAL

18 Lee y mira.

ESCUCHAR	LEER	VIVIR
(yo) escuch**o** 	(yo) le**o**	(yo) viv**o**
(tú) escuch**as**	(tú) le**es**	(tú) viv**es**
(él/ella) escuch**a**	(él/ella) le**e**	(él/ella) viv**e**

trabajar
comprar
cambiar
pintar
bailar
cantar
buscar

aprend**er**
com**er**

abr**ir**
escrib**ir**

¿Qué escuchas?

Escucho una canción muy bonita. ¿Y tú?

¿Dónde está tu libro?

Mi libro	está	dentro / fuera	de + el	armario ordenador
Mis libros	están	encima / debajo	**del**	**mochila mesa**
		delante / detrás	**de la**	

yo–y**o**
yo escuch**o**
yo le**o**
yo viv**o**

SONIDOS
LA J

19 Escucha y repite.  72

 Jaleo

 Jardín

 Tejado

 Garaje

 Debajo

 Espejo

20 Lee y responde. ¿Qué es?

Soy bonito por delante,
algo feo por detrás;
me transformo a cada instante,
ya que imito a los demás.

_ _ _ _ _ J _ _

CON LAS MANOS
Mi mosaico

MATERIALES

- cartulinas de colores
- papeles de colores
- tijeras
- pincel y cola para pegar
- lápiz
- un marco para cuadros

PASO A PASO:

1 Dibuja una casa sobre una cartulina.

2 Corta las cartulinas de colores en tiras y después en cuadrados, rectángulos, triángulos....

3 Pega uno a uno los trocitos recortados sobre el dibujo y rellénalo todo.

4 Elige una cartulina y úsala como marco para colgar el cuadro.

5 Cuelga el cuadro donde más te guste.

DESCUBRIR EL MUNDO
Arte español: Joan Miró

1 Lee.

Joan Miró era un pintor, escultor y ceramista español.

Miró era de Barcelona y pintaba con muchos colores y formas.

2 Observa y señala. ¿Qué formas utiliza Miró en su cuadro?

Personajes y perro delante del sol, 1949.

Busca en internet otros cuadros de Miró.

3 Dibuja un mural con tus compañeros.

Utiliza las formas de Miró.

Pinta con muchos colores.

Dibuja animales y personas.

Elige un título para la obra con tus compañeros.

DESCUBRIR EL MUNDO

Arte mexicano: Frida Kahlo

1 Lee y busca.

¿Has visto un cuadro en el pasillo de mi casa?

¡Es de Frida Kahlo! Una pintora mexicana. ¿La conoces? Busca en internet más información.

Esta es la Casa Azul de Frida, que está en la Ciudad de México.

2 Observa y habla.

Me llamo Frida. Pinté muchos autorretratos.

¿Qué ves en este cuadro?

¿Hay animales?

¿Te gusta el cuadro?

Autorretrato con collar de espinas y colibrí, 1940.

3 Dibuja y crea un *collage*.

Materiales:
- cartulina
- lápices de colores
- tijeras
- pegamento
- papel de colores

Consejo:
también puedes utilizar hojas y flores de verdad.

Lola "minichef"

CON LUPA 1

1 Mira y escucha. 74

2 Escucha y repite. 75

3 Lee y relaciona.

Quiero comer un melocotón.

Quiero beber un zumo.

No quiero comer sandía. Quiero uvas.

Quiero comer fresas.

Quiero tomar un yogur.

Yo no sé.

4 **Ahora tú** Juega con la plastilina. ¿Qué quieres comer?

Un poquito más

El desayuno   El almuerzo o la comida   La merienda   La cena

5 Mira y escucha.   76

6 Escucha y repite. 77

7 Colorea las frutas que te gustan y habla con tu compañero.

¿Qué frutas te gustan?

Me gusta la piña.

¡Y me encantan las fresas!

8 Ahora tú Recorta, pregunta a tus compañeros y escribe.

¿Te gusta el queso?

¿Te gustan las verduras?

Nombre	Le gusta(n)	No le gusta(n)

9 Ahora tú Prueba y adivina.

¿Qué sabor tiene?

¿Te gusta?

¿Qué es?

¡Es dulce!

¡Sí!

¿Kiwi?

Un poquito más

 Los sabores

Dulce   Amargo   Salado   Ácido

10 Mira y escucha. 78

11 Escucha y repite. 79 bla bla

12 Mira, lee y escribe. ¿Qué necesitas para hacer un bocadillo?

Tomate   Queso   Atún   Chocolate

Necesito...
_____
_____
_____
_____
_____
_____

Leche   Pan   Galletas   Huevo

13 Ahora tú Piensa una comida y juega. ¿Qué alimentos necesitas?

Manzana.

Necesito más... huevo.

Leche.

Huevo.

Tarta de manzana.

Un poquito más

Una cuchara   Un cuchillo   Un tenedor   Un plato   Un vaso

MIS PALABRAS

14 Mira, escucha y repite.

el mango el plátano el melocotón el limón la naranja la fresa

la frambuesa la mora la sandía la pera la uva la piña

15 Escribe los alimentos y habla con tus compañeros.

¿Qué comes en la merienda?

Escribe en el gorro del chef y habla con tus compañeros.

16 Hacemos un cartel de comidas de la clase: dibuja, pinta y escribe.

¡Me encanta el chocolate!

Quiero comer uvas.

¿Te gustan los batidos?

17 Escucha, lee y canta. *Batido de frutas.*

Mi mamá cocina,
mi hermano también,
y ahora que ya soy mayor
también quiero aprender.

Hago un superbatido,
¡qué rico que está!
Lleva muchas frutas...
solo hay que mezclar.

Me gusta con fresa,
plátano y frambuesa.
Y a ti, ¿con qué te gusta?
¿Manzana, pera o uva?

18 Lee y mira.

COCINAR

yo	cocin**o**
tú	cocin**as**
él/ella	cocin**a**
nosotros/as	cocin**amos**

 lavar   mezclar
cortar   necesitar

BEBER

yo	beb**o**
tú	beb**es**
él/ella	beb**e**
nosotros/as	beb**emos**

 com**er**

BATIR

yo	bat**o**
tú	bat**es**
él/ella	bat**e**
nosotros/as	bat**imos**

 añad**ir**

QUERER

yo	quier**o**
tú	quier**es**
él/ella	quier**e**
nosotros/as	quer**emos**

Recuerda la serpiente del plural.

Me gusta el batido.
No **me** gusta la leche.
Te gustan los dulces.
No **me** gustan las moras.

| (no) | me te le | gusta gustan | el la los las | batido leche dulces manzanas |

SONIDOS
LA Z

19 Escucha y repite.

20 Lee y marca la letra z.

 La cereza

 La manzana

 El zumo

 La taza

 El azúcar

 El arroz

 El almuerzo

21 Canta y juega con tu compañero.

Cereza, manzana,
manzana, cereza,
zumo con azúcar.

Almuerzo en la mesa.
Zu, zo, za.
Una vuelta para empezar.

CON LAS MANOS

Batido superrosa

INGREDIENTES

- un plátano
- seis fresas
- otras frutas
- un vaso de leche
  o un yogur natural
- azúcar

PASO A PASO:

1 Lavamos, pelamos y cortamos la fruta.

2 Metemos los ingredientes en la batidora.

3 Añadimos azúcar y batimos.

4 Servimos el batido en un vaso y lo decoramos.

5 ¡Ya podemos beber el batido!

la tienda de mascotas

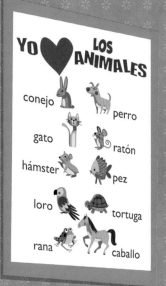

YO ♥ LOS ANIMALES

conejo   perro

gato   ratón

hámster   pez

loro   tortuga

rana   caballo

adopta ♥ animales

CERRADO

opta una
MASCOTA

Adopción
MASCOTAS

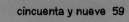

1 Mira y escucha. 84

2 Escucha y repite. 85 bla bla

3 Mira y lee.

¿Cuál es tu animal favorito?

¿Tienes una mascota?

Mi animal favorito es el caballo.

Sí, tengo un gato.

YO ♥ LOS ANIMALES

conejo · perro
gato · ratón
hámster · pez
loro · tortuga
rana · caballo

4 Ahora tú Pregunta a tu compañero.

¿Tienes una mascota?

¿Cuál es tu animal favorito?

5 Ahora tú Escribe.

 LEO

La mascota de Leo es un gato.

 CHAVELA

_____

 SARA

_____

 PABLO

_____

Un poquito más

No me gustan los ratones. **Prefiero** las cobayas.

6 Mira y escucha.

7 Escucha y repite.

8 Lee.

Me gusta este loro.

Porque tiene muchos colores.

¿Por qué?

Me gusta esta tortuga porque es muy grande.

9 Ahora tú Habla con tu compañero. ¿Qué mascota te gusta? ¿Por qué?

Porque ...
es bonito(a).
tiene el pelo largo/corto.
es muy suave.
tiene muchos colores.
es simpático(a).
es muy grande.
es pequeño(a).
...

Un poquito más

 – ¿Por qué? – No lo sé.
– Porque sí.

10 Mira y escucha. 88

11 Escucha y repite. 89

12 Mira y lee. "El libro de los animales"

- Los ojos
- Las orejas
- El pelo
- La cola
- Las patas

El san bernardo es un PERRO grande y tiene el pelo largo. Bebe mucha agua.

Los LOROS son unos pájaros muy bonitos y tienen muchos colores.

Comen frutas y semillas.

13 Ahora tú   Juega con tu compañero. ¿Qué animal es?

¿Es un animal grande?
¿Tiene cuatro patas?
¿Come queso?

¡Un ratón!

No.
Sí.
Sí.

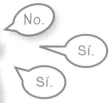

14 Escucha, lee y canta. *La fiesta de los animales.* 90

En la tienda de mascotas
una fiesta van a dar,
cantan, bailan como amigos,
vamos, vamos a empezar.
El perro y el gato bailan,
el loro canta muy bien
y los otros animales mueven las colas también.

Y los otros animales mueven las colas también.
Miau, miau, miau, el gato canta.
Glu, glu, glu, este es el pez.
Guau, guau, guau, este es el perro.
Y los otros animales bailan todos a la vez.
Y los otros animales bailan todos a la vez.

Un poquito más

el pico   la pluma   los bigotes   el caparazón   las alas   la aleta

15 Recorta, juega con tu compañero y escribe.

| 1 | 2 | 3 | 4 | 5 |

| 6 | 7 | 8 | 9 | 10 |

A.
El número
1 es un gato

B.
Gracias. El número
2 es un pez

16 Mira y escribe cuántos animales hay.

Perros:
Gatos:
Ranas:

Conejos:
Ratones:
Peces:

Cobayas:
Loros:
Caballos:

17 Lee y escribe un texto sobre tu mascota o animal favorito.

Mi mascota es un gato y se llama Jaleo.
Tiene 5 años y es pequeño y suave.
Tiene cuatro patas, ojos verdes, el pelo blanco, negro
y marrón y una cola muy larga.
Me gusta mi gato porque es muy bonito y simpático.
Jaleo vive en mi casa, come mucho y bebe agua y leche.

18 Lee y mira.

MASCULINO	FEMENINO
este · estos	esta · estas
conejo · conejos	rana · ranas

(yo)	**prefiero**
(tú)	**prefieres**
(él/ella)	**prefiere**
(nosotros/as)	**preferimos**

Recuerda la serpiente **s** del plural.

19 Describir animales.

 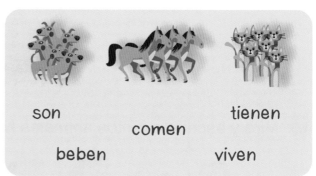

es · come · tiene
bebe · vive

son · comen · tienen
beben · viven

El gato **es** marrón, **tiene** cuatro patas y **bebe** leche.
Los gatos **son** pequeños, **tienen** bigotes y **comen** atún.

SONIDOS
LA CH

20 Escucha y repite.

21 Escucha y da una palmada si escuchas palabras con ch. 🎧 92

22 Lee en voz alta y repite.

Tengo un perro gordo
(parece un chorizo)
de forma alargada,
la panza hasta el piso.

Tengo un perro así,
Douglas Wright
eljardindedouglas.
blogspot.com.es

CON LAS MANOS

Un móvil para colgar

MATERIALES

- pajitas de colores
- lana de colores
- cartulinas de colores
- lápices y rotuladores
- pegamento
- fotos, imágenes, dibujos...
- tijeras

PASO A PASO:

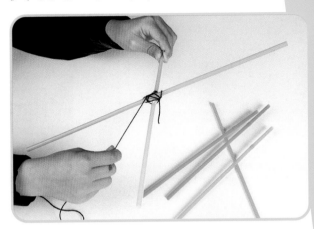

1 Une dos o tres pajitas con lanas de colores.

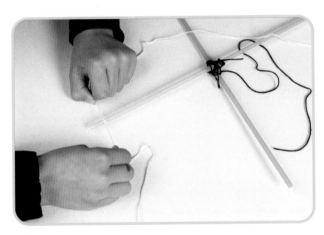

2 Ata un nudo en el extremo de cada pajita.

3 Recorta las cartulinas con diferentes formas y decóralas con animales, dibujos, tu nombre...

4 Cuelga las cartulinas de los hilos de lana.

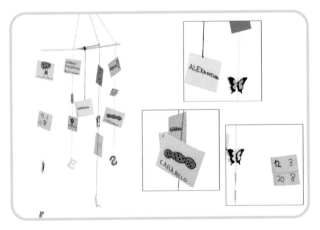

5 Presenta tu móvil en clase.

DESCUBRIR EL MUNDO
Alimentos del mundo

1 ¿Qué cuatro alimentos hay en esta caja? Escribe sus nombres con la ayuda de las letras y pega las fotos del material recortable.

A M Í Z
M _ _ _

P A A T T A
P _ _ _ _ _

?

T A T O E M
T _ _ _ _ _

C H A C O O T E L
C _ _ _ _ _ _ _ _

2 Todos estos alimentos vienen del mismo continente. ¿Cómo se llama?

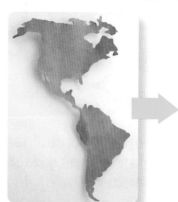

_ _ _ _ R _ _ _ _

Usa las letras rojas de los alimentos de la actividad 1.

3 Relaciona estas comidas con un país.

Tortilla de patatas

Nachos con guacamole

Arroz tres delícias

Italia
México
Japón
Estados Unidos
España
China

Hamburguesa

Pasta

Sushi

DESCUBRIR EL MUNDO
Animales del mundo

1 ¿Dónde viven estos animales: en México, en España o en los dos países? Escribe "M", "E" o "2" y habla con tus compañeros.

la serpiente

la vaca

el loro rojo

el águila

el lince

la iguana

el caballo

el puma

2 Billetes del mundo. ¿Qué animales ves?

Irak

Fiyi

Costa Rica

Zambia

3 Hacemos en clase "ani-sándwiches" con formas y caras de animales.

¡Qué ricos!

¡Ñam, ñam!

RE-
COR-
TA-
BLES

8 **Ahora tú** Recorta, representa y juega con tu compañero.

Pequita

Mago Yago

Superñam

Estrellita Luna

13 **Ahora tú** Dibuja a tu familia, recorta y habla.

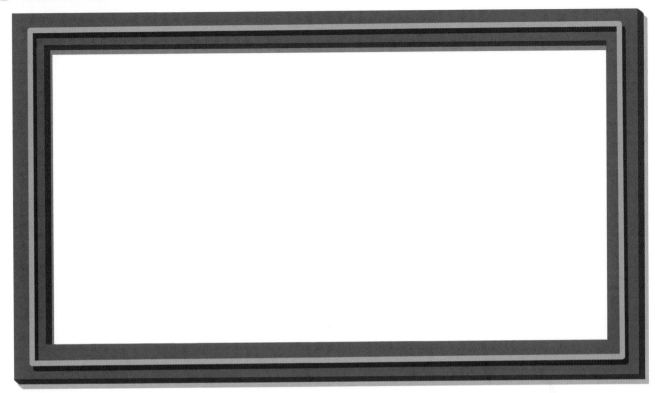

17 Recorta las cartas, escucha a tu profesor y juega.

5 Ahora tú Recorta y juega con tu compañero. Memoriza y encuentra "el hermano gemelo"

9 Ahora tú Recorta, completa el tablero con dibujos y juega con tu compañero.

	A	E	I	O	U
1	24	18	10	19	22
2	30	6	14	11	5
3	15	3	26	7	27
4	16	13	25	2	21

14 | Ahora tú | Recorta, pregunta a tu compañero y escribe.

Estudiante **A**

Lola (bailar) flamenco.
Leo _____
Curro (hablar) español.
Sara _____
Felipe (escuchar) radio.
Pepe _____
Tú _____
Yo (dibujar) una pelota.

Estudiante **B**

Leo (cantar) una canción.
Lola _____
Sara (dibujar) un globo.
Curro _____
Pepe (tocar) la flauta
Felipe _____
Yo (cantar) *Erre que erre*.
Tú _____

15 | Ahora tú | Recorta, lee y forma frases.

tengo	tienes	tiene	dibuja	toca	escribe	canta
una	unas	el	los	un	unos	la
las	Yo	Tú	Él	Ella	Leo	Lola
muñeca	amigos	gato	globos	guitarra	maracas	cuaderno
canción	nueva	rojos	amarillo	azul	verdes	nuevos
nuevas	y	en	muchos	muchas	pocos	pocas

17 Recorta y relaciona las imágenes con las palabras.